PATRICK SANSANO

LES FORETS DE NORMANDIE,
JOURNAL 1972

© 2023 Patrick Sansano
Édition : BoD - Books on Demand, info@bod.fr
Impression : BoD - Books on Demand, In de
Tarpen 42, Norderstedt (Allemagne)
Impression à la demande
ISBN : 978-2-3222-1130-2
Dépôt légal : Mars 2023

Montélimar, 1er janvier 1972 (Lorsque cela n'est pas précisé, le journal raconte une journée se déroulant à Montélimar, ville qui est à nouveau mentionnée dès qu'il y a un déplacement).

Maurice Chevalier est mort. Cela affecte ma tante Renée, venue passer les fêtes chez moi en famille. Il ne m'a jamais intéressé. Je suis né en 1959 et l'ai toujours considéré comme un « vieux ». L'idole de mon enfance était Richard Anthony, mais en 1972, je ne suivais plus son parcours depuis plusieurs années.

Si je commence ce journal en 1972, cela vient du fait que j'aurais treize ans en septembre et qu'avant cela, mes souvenirs sont trop touffus et imprécis.

Et puis 1972 est l'année où je vais connaître l'amour. La France va pleurer Raymond Souplex, le célèbre commissaire Bourrel, mais aussi Henry de Montherlant. La reine Elizabeth va porter la couronne d'Angleterre lors d'un voyage en France en mai, et les jeux olympiques de Munich seront ensanglantés.

En 1972, les français vont découvrir deux séries télévisées majeures : « Columbo » et

« Amicalement vôtre ». Ce sera l'année de tous les succès pour un inconnu, Louis Velle, dès janvier avec « La demoiselle d'Avignon » et qui enchaînera les feuilletons.

Je fais ce journal un peu à la manière de feu Pascal Sevran, mélangeant ma vie intime et les évènements majeurs, les succès du hit parade. La chanson de l'année pour moi est « Une belle histoire » de Michel Fugain et de son Big Bazar. Mais on peut citer aussi un refrain entêtant l'été, « Pop Corn », par le groupe éphémère Anarchic System.

1972 commence, et j'ignore que cela va être sans doute ma plus belle année, avec une partie de 1973.

8 janvier

C'est le premier épisode de « La demoiselle d'Avignon ». Je connais bien la ville puisque mon oncle Emile, son épouse Renée et leur fils y habitent depuis janvier 1971.

Ce feuilleton était peut-être le signe qu'une année romantique allait commencer pour moi.

Toutefois, à la télévision, ce qui me passionne, au point de me rendre malade par excès, c'est la série américaine « Les envahisseurs », que mes parents me laissent regarder le jeudi soir fort tard, à 21h40, après l'émission de Guy Lux. C'est la seconde sélection de 13 épisodes choisis par la France, mais pas une passion nouvelle pour moi, mes parents m'ont déjà donné la permission de voir les 13 premiers épisodes du jeudi 4 septembre au 27 novembre 1969.

Je ne suis pas parti en vacances depuis plusieurs années, 1968 exactement. En janvier, je l'ignore mais je vais découvrir la Normandie en août.

Mon parrain Emile, adjudant-chef, part à l'île de la Réunion, après avoir fait une mission semblable de 1964 à 1966 à Tahiti. Son épouse et son fils le rejoindront six mois plus tard, en juillet.

Depuis la rentrée de septembre 1971, j'ai un très bon copain, Francis. On le verra dans ce journal, il va avoir une grande importance dans ma vie. C'est plus qu'un copain, un ami.

25 janvier

Un incident assez grave arrive ce soir-là, je suis traumatisé par « Les envahisseurs » dont le neuvième épisode, « Embargo sur le rêve », est vraiment effrayant. Ce qui entraînera l'interdiction de voir l'épisode de la semaine suivante, le dixième, « L'étau ».

Mes parents réalisent que ce programme télévisé me perturbe. Mais ils me laisseront regarder les trois derniers épisodes : « Mission de vie », « Inquisition » et « Contre-attaque ». Trouvant que cela me fait coucher trop tard, ils seront inflexibles et ne me laisseront pas voir « Mannix » dont l'ORTF a la mauvaise idée de programmer la troisième saison à compter du mardi 29 février, toujours en deuxième partie de soirée. Or, je vais au collège le mercredi matin.

1er avril

Une comédie sur la première chaîne avec Danièle Evenou, « Allo Juliette », fort désopilante. Le samedi, mes parents regardaient d'habitude les Carpentier. Cette dramatique, qui ressemble à du théâtre filmé, est une suite savoureuse de quiproquos. Dans un petit rôle, il y a Muriel Baptiste.

2 avril

Ma mère est alitée, très malade. Je me souviens que ce jour-là est diffusé l'après-midi « Le comte de Monte Cristo », version avec Pierre-Richard Willm. J'ai rarement vu ma mère malade. Elle sera obligée de retourner travailler le mardi 4. Triste week-end pascal pour elle.

6 avril

Visite de mon demi-frère André et de ma belle sœur Gisèle, laquelle s'offusque que mes parents me laissent regarder le deuxième épisode de la très belle série américaine « L'immortel », avec Christopher George : « Le dernier voyage ».

Gisèle trouve ce programme très violent. Malgré cela, je regarde mon film.

30 mai

Ce jour-là, ma grand-mère veut absolument voir la première chaîne qui propose une émission spéciale sur l'Algérie. Il faut dire qu'entre-temps, j'ai (enfin !) obtenu la permission de voir « Mannix ». Elle me demande de lui laisser regarder la Une, et je ne verrai donc que les dernières images de « Guerre des nerfs », le 13e et dernier « Mannix ».

Ma grand-mère a vécu en Algérie de sa naissance en 1898 à l'indépendance, en 1962.

Ce mois de mai, je ne sais ce qui m'a pris, je me suis rendu à un spectacle de cirque, à Montélimar, moi qui n'ai jamais aimé cela, tout un dimanche après-midi.

La visite de la reine Elizabeth II pendant cinq jours m'a laissé indifférent. Pour moi, cela s'est surtout limité à une couverture de Télé Poche.

1er juin

Dixième épisode de « L'immortel », ma série préférée du moment, dont je ne vais pas hélas voir la fin. Le 13e et dernier épisode, « Un frère sans famille », qui conclut la série, sera diffusé le 22 juin, alors que je fais en « classe verte », avec mon équipe de catéchisme, une retraite à La Garde Adhémar, un endroit superbe.

J'ai assisté à deux autres classes vertes ce printemps-là et au même endroit, à Saint-Martin Supérieur en Ardèche, la première avec le catéchisme, la seconde dans le cadre scolaire avec ma professeur d'Histoire-Géographie, Madame Robert, qui se trouve être ma voisine.

La télévision diffuse le feuilleton « Mandrin » et tandis que j'assiste (encore avec le catéchisme !) à un spectacle un dimanche à

Tournon, se trouve dans le train un jeune homme qui joue la complainte de Mandrin, à ma demande, sur une guimbarde.

Je me suis distingué à ce spectacle en voulant faire le guignol sur scène, imitant à la fois les clowns « Les Barios » et Ike et Tina Turner dans « Proud Mary ». Je me suis ridiculisé, passant en douce entre deux groupes de camarades faisant des numéros sérieux. J'ai vite été prié de quitter la scène. Plus tard, dans la journée, des enfants qui ne sont pas de mon groupe mais m'ont vu me demandent si, je cite, « je n'ai pas des boulons de dévissés ».

A partir de juillet, je vais tomber éperdument amoureux et, il me semble, gagner en maturité. Raison pour laquelle ce journal est plus dense à partir de l'été.

La Garde Adhémar, 22 juin

Singulière retraite d'une semaine près de Pierrelatte. L'endroit est magnifique. Une fille n'aura pas profité du séjour, ayant fait une chute dans un escalier, elle sera constamment alitée et aidée par deux personnes pour venir aux repas.

Des copains me proposent de fumer une cigarette, cela me fait tousser, c'est la première et dernière cigarette de ma vie.

Située sur une hauteur, où travaillent des céramistes, La Garde Adhémar offre une vue sur le Tricastin, avec le Rhône ou du moins son canal qui ressemble à un beau ruban d'argent bleuté.

Un soir, on nous emmène faire une veillée au Val de Nymphes, lieu sacré, où se trouve un étang dans lequel chantent des grenouilles. Il y a des chênes, des cerisiers, les restes d'une chapelle romane, une source. J'ai voulu retourner à la fin des années 80 montrer cet endroit enchanteur à mon épouse et mes enfants. L'étang n'existait plus, il avait été comblé.

Montélimar, 28 juin

En achetant Télé Poche, j'apprends que « La princesse du rail », feuilleton dont j'ai adoré l'interprète principale en 1967, Muriel Baptiste, va être rediffusé chaque jour à partir du 17 juillet.

Cela peut paraître invraisemblable, mais à sept ans et demi, je suis tombé amoureux d'une belle brune, Annunciata, une petite gitane héroïne tragique d'un feuilleton quotidien sur la conquête du chemin de fer en France.

En grandissant, je n'ai pas perdu de vue Muriel, que je continue à appeler « La princesse du rail ». Je l'ai encore regardée, avec mes parents, mon parrain et sa famille, un samedi soir, le 11 septembre 1971, dans « Maigret aux assises ».

A cause de cette comédienne, je n'ai pas eu d'amour d'enfance pour une fille de mon âge. Ce 28 juin, j'apprends une autre nouvelle qui va être décisive pour moi : à compter du mardi 4 juillet, Muriel sera la vedette à part entière, le tout premier rôle, d'un feuilleton chaque soir après le journal télévisé, « Les dernières volontés de Richard Lagrange ».

Vous comprenez maintenant pourquoi en 2016 je commence mon journal par l'année 1972. Muriel va me marquer de façon indélébile.

1er juillet

Après l'année scolaire 1971-72 en cinquième au CES des Fourches (qui deviendra le CES Gustave Monod), je suis en vacances. Je sais qu'à la rentrée, je vais retrouver mon ami Francis. Il est arrivé de Besançon l'année d'avant. Son père étant militaire, il m'a expliqué qu'il ne restait jamais longtemps au même endroit.

L'été 1972 semblait destiné à m'émerveiller. Mon oncle Emile, dit « Milou », est à La Réunion depuis six mois, et sa femme Renée et son fils Patrick vont le rejoindre. Ils viennent nous dire au revoir, mais arrivent très en retard. Ma tante et ma grand-mère se disputent. Au point que ma tante envisage de partir. « Dans n'importe quel motel, on est mieux reçu » lance-t-elle à ma grand-mère Clotilde.

En fait, avant de venir, Renée s'est arrêtée dire au revoir, depuis Avignon, à plusieurs amis et parents, et a un peu trop bu lors des apéritifs. Finalement, Clotilde et Renée se réconcilient en larmes. Mais pour moi, c'est un grand moment, le chien de Milou et Renée m'est confié, car le prix de son voyage pour La Réunion est trop élevé. Ce chien, né en 1964, est un loulou de Poméranie noir et vient de Tahiti. Il va devenir mon premier chien. Jusque là, mes parents n'ont accepté que je prenne comme animal de compagnie qu'un poisson rouge.

Le chien est déjà un beau cadeau estival, mais il ne va pas être le seul. La rediffusion de « La princesse du rail » me trotte dans la tête. J'ai adoré la série en 1967 et l'actrice principale m'a fait une très forte impression.

Lorsque je la voyais, mon cœur battait plus vite.

Mes parents ignorent cette passion qui en 1972 s'étiolait. Car après « La princesse », je n'ai pas eu l'occasion de voir souvent Muriel. Notre vieux poste 819 lignes ne captait que la première chaîne, et elle a souvent joué sur la deuxième.

4 juillet

En infirmière blonde (sur la télé en noir et blanc), Muriel Baptiste arrive dans le rôle de Geneviève Lagrange pour trente épisodes. Ce qui me permet de constater qu'elle a autant de charme qu'en brune. Il se crée alors une habitude, une accoutumance, la voir tous les jours, bientôt deux fois par jour.

Je suis amoureux. Me voilà revenu cinq ans en arrière. Ce sentiment est nouveau pour moi, et me fait passer de l'enfance à l'adolescence.

A douze ans et demi, je ne suis pas précoce, et pas éveillé au désir sexuel. Muriel sera pendant de longs mois une passion platonique. Intense, démesurée, mais platonique. Les choses changeront au printemps 1973.

Je me heurte à une difficulté en écrivant ce journal, qui n'aurait pas eu cette forme en 1972, puisqu'à chaque fois, j'évoque un avenir que je connais. Il devient plus un récit de souvenirs qu'un vrai journal.

Un dimanche de juillet, je n'ai pas noté lequel, je me rends à Pierrelatte, voir Maurice Bataille et ses cascadeurs. Ils annoncent qu'ils viennent de participer au film de Robert Enrico « Les caïds » qui sortira dans quelques mois.

5 juillet

La France entière apprend la démission de Jacques Chaban-Delmas, premier ministre de Georges Pompidou. Je ne m'intéressais pas à la politique, mais étant collé sans arrêt devant la télévision, c'est l'évènement du jour.

Après avoir retrouvé Muriel dans « Richard Lagrange », j'ai voulu regarder aux « Dossiers de l'écran » un film auquel je n'ai rien compris : « Fahrenheit 451 » de François Truffaut, d'après le roman de Ray Bradbury. On y brûlait des livres. J'étais beaucoup trop jeune pour voir ce film et en saisir les nuances.

6 juillet

Chaque après-midi à 15h10, je regarde la rediffusion du feuilleton « Omer Pacha ». En remplacement de « L'immortel », à 21h40 sur la première chaîne, on nous inflige une série britannique « Aventures australes » avec Ty Hardin. Les aventures de Moss Andrews, un capitaine de bateau qui joue les détectives. La série a débuté le 29 juin et ce 6 juillet, c'est le deuxième épisode, « Le sang du capitaine ». Aucun intérêt. Mais à l'époque, je regardais tout.

Nous sommes très loin de la qualité d'œuvres comme « Les envahisseurs », « Mannix », « Mission Impossible », « Les incorruptibles » dont des épisodes inédits nous ont été proposés ce premier semestre 1972.

8 juillet

Après le rendez-vous avec Muriel en Geneviève Lagrange, je regarde sur la 2 « Jeux sans frontières », une véritable institution à l'époque. Mais c'est surtout le soir de la fin de « Mandrin », capturé par les fermiers généraux et les soldats de Louis XV, et qui est roué vif sur la place des Clercs de Valence.

Pierre Fabre est particulièrement convaincant dans le rôle du héros contrebandier, Robin des bois du XVIIIe siècle, avec à ses côtés la chanteuse Monique Morelli, Armand Mestral et François Dyrek qui incarne son compagnon judas, Manot-la- Jeunesse.

Le feuilleton a été tourné deux ans plus tôt et aucune chaîne ne voulait le programmer. Il avait un parfum sulfureux de révolte. A l'époque, Gérard Nicoud et le Cidunati, tout comme les manifestations paysannes, donnaient à l'ORTF le goût de la prudence. On ne voulait pas que le tournage se déroule dans le Dauphiné, alors on a envoyé toute l'équipe se perdre en Yougoslavie. La distribution française se réduit aux comédiens que j'ai cités et à Jean-Roger Caussimon. Pierre Fabre a les honneurs de la couverture de Télé Poche et d'une interview, mais guère envie de devenir une vedette populaire, préférant se consacrer au cinéma. Il est marié à la comédienne Anna Karina et a joué dans « Jules et Jim », « La 317e section », « L'enfant sauvage », « Domicile conjugal ». Il est également scénariste, occupation qui lui prend la majeure partie de son temps, et n'aime pas la télévision. « Mandrin » est pour lui une parenthèse.

Par son approche qui dénonce les injustices, cette œuvre rappelle beaucoup « Jacquou le croquant » diffusé en octobre novembre

1969 le samedi soir et adapté du roman d'Eugène Le Roy.

« Mandrin » fait partie des nombreux feuilletons dans lesquels je regrette l'absence de Muriel, mais les méfaits de la coproduction avec l'Italie, La Suisse, la RFA et la Yougoslavie imposaient un tel quota de comédiens étrangers qu'aucun rôle ne dut lui être proposé.

C'est pourtant nettement plus ambitieux que le roman-photo « Les dernières volontés de Richard Lagrange ».

9 juillet

Rediffusion de la série « Quentin Durward » déjà vue en janvier 1971 sur la seconde chaîne. Je ne verrai pas la série dans sa totalité (sept épisodes) car il est question que l'on parte en vacances en Normandie en août.

12 juillet

Muriel Baptiste est en couverture de Télé Poche. Elle bénéficie également d'une interview deux pages que je vais vite connaître par cœur. J'apprends des tas de choses sur elle, ses projets, ses films passés.

La rediffusion de « La princesse du rail » commence le lundi 17, à compter de ce jour-là, je verrai Muriel deux fois par jour, puisqu'elle est chaque soir dans « Les dernières volontés de Richard Lagrange ».

Elle devient célèbre, et j'ai peur qu'elle m'échappe. Je voudrais la garder rien que pour moi.

Je suis très amoureux. Je ne l'ai jamais été auparavant, si ce n'est d'une fille qui lui ressemblait, une collègue de travail de ma mère, Liliane, qui s'est tuée en moto le 11 mai 1970. Elle s'appelait Liliane Ganivet et ressemblait vraiment à Annunciata.

14 juillet

Encore un film que je vois trop jeune pour en saisir toutes les nuances, « Rendez-vous de juillet » de Jacques Becker avec Nicole Courcel et Daniel Gélin, film qui me marque énormément.

15 juillet

Je suis tellement amoureux de Muriel que j'en oublie de parler de mon compagnon à quatre pattes, le très gentil et doux Kiki. La vie avec lui au quotidien est devenue un régal. Il est l'ami de tous les instants.

Le soir, « Mandrin » est remplacé par la série western « Chaparral » qui avait pris la suite de « Mannix » en juin et s'était interrompue. Encore un de ces feuilletons que j'adore, dont je ne manque pas un épisode. J'aime aussi la musique de ces séries, que j'achète en 45 tours, j'ai dans ma collection déjà, entre autres, « Mannix » et « Chaparral ».

16 juillet

Je me jette sur le film du dimanche soir, « Le gentleman de Cocody » avec Jean Marais. J'adore ces intrigues d'agents secrets. De mémoire, je peux citer OSS 117, John Drake, Napoléon Solo et Illya Kouriakin, Jim Phelps et son équipe. Mes camarades de classe m'ont signalé plusieurs fois un personnage de plus grande envergure, James Bond 007, mais pour l'instant, je n'ai vu aucune de ses aventures.

17 juillet

Quel choc de revoir Muriel Baptiste dans « La princesse du rail ». Les épisodes sont plus longs qu'en 1967, il y en a 13 de 26 minutes au lieu de 26 de 13. Ce qui revient au même. Premier jour donc où je vois Muriel matin et soir. Elle me plaît nettement plus en princesse qu'en infirmière.

Je suis sur un nuage. L'après-midi, je regarde le film « Les anciens de Saint-Loup », qui me rappelle beaucoup « Les disparus de Saint-Agil », une histoire policière dans un pensionnat.

On doit me trouver très distrait, « on » ce sont mes parents. Ils ne devinent pas ce que j'ai dans la tête. Sans doute croient-ils que ce soit la joie d'avoir enfin un chien qui me fait planer ?

Cette princesse du rail, comment ai-je fait pour presque l'oublier ? Et je frémis en pensant que nous aurions pu partir en vacances en juillet. Car une fois en Normandie, nous n'aurons pas la télévision.

18 juillet

Muriel est absente le matin dans « La princesse », un 2e épisode qui correspond aux 3 et 4 du montage 1967. Heureusement qu'elle est là le soir en infirmière.

20 juillet

Muriel deux fois par jour, le bonheur total. J'espérais naïvement que cela durerait éternellement d'autant plus que Muriel dans l'interview a évoqué deux rôles dans lesquels on va la revoir : « Les rois maudits » et « La double vie de mademoiselle de la Faille ». Cette interview est précieuse car elle me permet de savoir que Muriel a joué au théâtre dans « Gigi » et « Tchao », au cinéma dans « Les sultans » et « La cavale ». « Maigret aux assises » dans laquelle je l'ai vue n'est pas mentionné.

On s'habitue très vite au bonheur. Mon chien, cette actrice, le soleil, les vacances prochaines après plusieurs années de disette.

Sur les lunettes arrière des voitures, tout le monde a mis l'autocollant rectangulaire jaune « Au volant la vue, c'est la vie ». L'été 1972 a un parfum de légèreté, sans doute parce que c'est le premier de mon adolescence, le premier où je suis amoureux.

Mais la France aussi est joyeuse. En témoignent les chansons de l'époque. Cloclo chante « Y'a le printemps qui chante ». Les autres sont à son image : « Kiss me » de C Jérome, « Qui saura » de Mike Brant, « Besoin de personne » de Véronique Sanson, « La musica » de Patrick Juvet (chanson que ma grand-mère adore), « 62 nos 15 ans » de Michel Delpech, « Bonsoir Clara » de Michel Sardou », « Holidays » de Michel Polnareff, « Taka takata » de Joe Dassin, « My reason » de Demis Roussos qui ne chante pas encore en français, tandis que la musique du film « Il était une fois la révolution » par Ennio Morricone cartonne.

Je connais moins les anglo-saxons, à part « Pop Corn » titre que m'a fait connaître mon cousin Patrick.

Nous sommes dans les trente glorieuses, les français sont heureux. Au plateau du Larzac, on manifeste contre l'extension d'un camp militaire. J'écoute la radio. La plus belle chanson du moment, c'est celle de Fugain « Une belle histoire » et je n'achète pas le 45 tours, je me demande bien pourquoi.

Pour la première fois, je suis amoureux, comme jamais je ne l'aurais cru possible, même si je n'ai que douze ans, bientôt treize, mais surtout de la même fille qu'à sept ans et demi. C'est significatif. Muriel Baptiste est la femme de ma vie.

Pour me consoler des laborieuses « Aventures australes », la 2e chaîne a la bonne idée de diffuser un « Maigret » : « Pietr le letton » que je regarde.

Tout va bien.

22 juillet

6ᵉ épisode de « La princesse du rail », 17eme des « Dernières volontés de Richard Lagrange », je ne réalise pas le bonheur que cela me procure. En effet, je trouve cela naturel.

Cette situation cependant ne va pas durer, il était facile de le prévoir. Douce insouciance de la jeunesse.

Dans son interview, Muriel a déclaré n'avoir rien tourné entre la fin des « Rois maudits » de mars à juillet.

Ma mère doit faire une cure à Bagnoles-de-l'Orne, en Normandie, projet déjà reporté d'un an. En 1971, elle avait versé des arrhes à la pension de famille « Villa les lierres » et les as perdues, n'ayant pas obtenu ses congés.

Cette année est la bonne, nous partirons le 17 août.

25 juillet

J'ai passé ma journée devant la télévision, d'abord l'après-midi avec le film « La Fayette » avec Michel Le Royer, les deux feuilletons avec Muriel, et le soir le téléfilm « La dernière victoire » avec Angie Dickinson, une histoire d'affrontement entre deux races d'extra-terrestres sur la Terre. Le film a beaucoup copié la série « Les envahisseurs », puisque les cadavres des aliens disparaissent en se consumant, ne laissant aucune preuve.

31 juillet

C'est le dernier épisode de « La princesse du rail » et Annunciata se jette sous les roues de la locomotive conduite par le chauffeur Chambon (Armand Mestral), meilleur ami du héros Antoine Delorme, interprété par Jacques Santi.

Ma grand-mère constate que je suis très ébranlé et me dit, au sujet de Muriel : « Tu la retrouveras ce soir ».

Le feuilleton se déroule en Auvergne, entre Langogne et Langeac, mais chaque fois que je me rends en Ardèche, je retrouve les paysages du feuilleton qui sont assez semblables. L'Ardèche comporte de multiples voies de chemin de fer désaffectées. On est tout à fait dans l'atmosphère de la série. Or, l'Ardèche est à proximité de Montélimar, il suffit de traverser le Rhône.

Depuis la première diffusion de 1967, je pense à la petite gitane de ce feuilleton chaque fois que je me rends en Ardèche. Muriel Baptiste m'a vraiment marqué.

1er août

A 12h30 commence « Yao », feuilleton tourné en Côte d'Ivoire, qui affiche à l'écran : « En Afrique, il y a très, très longtemps ». Je réalise que la princesse me manque. Les 13 épisodes ont défilé trop vite, et il me reste comme immense consolation de voir Muriel le soir dans son autre feuilleton. La télévision a pris ses quartiers d'été et devient anémique. Il n'y a quasiment rien à voir à part « Richard Lagrange ». Heureusement qu'il fait beau dehors. Même « Chaparral », après deux épisodes, s'arrête le samedi soir. Quant aux « Aventures australes » du jeudi, elles sont sitôt vues sitôt oubliées.

Que m'importe ce qui s'est passé en Afrique il y a très, très longtemps. « Yao » est pour moi une immense frustration. Je n'ai plus mon rendez-vous de midi avec Annunciata.

Je patiente, Télé Poche a annoncé la programmation des « Rois maudits » en septembre.

Cette double page d'interview de Muriel, je la connais par cœur. Je l'ai découpée et collée dans un cahier avec les photos de la vedette.

Avec Kiki, nous nous connaissons depuis que mon parrain est revenu de Tahiti en 1966, et l'osmose entre nous est parfaite. C'est un chien pacifique, il ne sait pas aboyer, se contentant de produire un son guttural. Il s'allonge en mettant ses pattes postérieures allongées loin derrière lui, chose inhabituelle chez un chien. Kiki est un véritable puits de tendresse. Peu d'animaux me semblent capables de donner autant d'amour.

7 août

Cette-fois, Geneviève Lagrange tire sa révérence et je ne verrai plus Muriel chaque jour. Comme son autre feuilleton, c'est une ineptie qui remplacera « Les dernières volontés de Richard Lagrange » : « Suivez Budart » avec Roger Riffart, un feuilleton décalé et loufoque. C'est la double peine donc puisqu'elle n'est plus là, et qu'un programme débile la remplace.

A compter de ce jour-là, je me demande quand je vais la revoir. Je rêve d'elle éveillé en permanence, mais elle n'est plus présente à la télévision.

12 août

En famille, nous allons voir au cinéma « Les choses de la vie », de Claude Sautet, film de 1970 qui ressort en salles. L'intrigue raconte un accident de voiture et effraie ma mère qui doit prendre le volant pour un long trajet jusqu'à Bagnoles-de-l'Orne.

13 août

Pas de chance, « Quentin Durward » en est au sixième épisode sur sept, et c'est le dernier que je pourrai voir. Heureusement que ce n'est qu'une rediffusion.

16 août

Décès du comédien Pierre Brasseur à Brunico, en Italie, dont l'une des dernières partenaires fut deux ans plus tôt Muriel Baptiste dans la pièce « Tchao », et père du nouveau Vidocq, Claude Brasseur.

« Yao » s'est terminé et je peux voir le premier épisode de « Bob Morane », personnage populaire né de l'imagination d'Henri Vernes, que l'on peut lire en romans et en bandes dessinées. Claude Titre l'incarne. Je ne verrai pas la suite.

Nous préparons nos bagages pour le grand départ.

Paray-le-Monial, 17 août (matinée)

Nous partons pour la Normandie. Au début, sur une aire de l'autoroute A7 en direction de Lyon, nous nous arrêtons pour faire des emplettes. Il y a des livres en solde. J'achète deux aventures du Saint par Leslie Charteris : « Faites confiance au Saint » et « Ici le Saint », qui forment un lot. Je me fais offrir aussi un « Bob Morane » : « Mission à Orly ». Ma mère s'achète un livre à l'eau de rose de Delly, « Les seigneurs loups ».

Il est prévu de faire une escale en route. Mes parents veulent s'arrêter à Paray-le-Monial en Saône et Loire. Je crois, à tort, que c'est la ville natale du champion cycliste Bernard Thévenet (qui est né en fait à quelques kilomètres de là, à Saint Julien de Civry).

Il fait beau, ciel bleu, soleil lumineux. Nous visitons la basilique du Sacré-Cœur et la chapelle du monastère de la visitation. Ce qui me plaît le plus, ce sont les jardins verdoyants.

C'est l'endroit idéal pour rêver, et vous devinez à qui je pense. Je me promène, distrait. Les jardins du Cloître sont magnifiques, je me balade dans les allées entre les massifs. Muriel est bien davantage présente là que devant une télévision où elle n'apparaît plus.

Mes parents me promettent d'aller à la Chapelle-Montligeon durant le séjour à Bagnoles. L'endroit est paraît-il encore plus beau.

C'est la tête dans les étoiles que je rejoins la Simca familiale qui nous transporte. Ma mère et ma grand-mère attribuent sans doute ma rêverie à la beauté des lieux, alors que j'ai la tête remplie de pensées pour l'actrice que j'aime éperdument.

Etampes, 17 août (soirée)

L'itinéraire que ma mère a établi nous fait partir de Paray-le-Monial pour des routes nationales qui nous mènent à Etampes, en Essonne. Elle compte ensuite bifurquer sur Fontainebleau où nous devons dormir.

Mais à Etampes, elle ne marque pas l'arrêt à un feu tricolore au rouge. Il se trouve en hauteur et elle ne l'a pas vu. Elle est immédiatement arrêtée par un agent de police d'abord peu avenant. Il lui demande « Vous reconnaissez les faits ? », elle se trouble, veut dire oui, répond par la négative.

Le malentendu se dissipe. L'agent insiste en voyant les papiers de maman sur le fait qu'elle est née à Constantine en Algérie et lui demande de le préciser.

Ce fonctionnaire de police était certainement un pied-noir. Nous sommes à dix ans de la fin de la guerre d'Algérie. Ma mère n'aura ni retrait de permis ni amende. Elle en sera quitte pour une peur bleue.

Mais nous abandonnons l'idée de dormir à Fontainebleau, en nous promettant d'y faire halte au retour, en allant passer la nuit dans un hôtel local.

Ma mère est perturbée par l'histoire du feu rouge grillé.

Bagnoles-de-l'Orne, 18 août

Nous arrivons à la villa Les Lierres. Elle est située en face d'une des entrées de la forêt très dense.

A compter du lundi 21, notre vie sera régulée de la façon suivante : du lundi au vendredi, ma mère se rend le matin aux thermes pour ses soins, de 9h00 à 11h00. Je venais avec mon chien la chercher vers 11h30 et nous faisions souvent étape au marché pour y prendre des légumes, des fromages et du petit lait.

La propriétaire de la pension nous prête un pot au lait en fer et chaque soir, nous allons à la ferme chercher deux litres de lait tout chaud.

Je commençais mes promenades le matin avec mon chien en m'enfonçant dans la forêt domaniale. Choses que je renouvelais parfois l'après-midi. J'avais, avec Kiki, l'impression lors de ces promenades solitaires de me rapprocher de Muriel, de m'isoler du monde.

L'après-midi, nous prenions la Simca pour partir en vadrouille, l'essence n'étant pas chère en 1972.

En général, nous nous rendions dans les villes situées alentour : Tessé-la- Madeleine, Domfront et son marché, Lonlay l'abbaye, Alençon que précède sur la route un château d'eau et l'usine Moulinex et enfin la Ferté-Macé.

Le samedi et le dimanche, nous faisons des excursions : je convaincs mes parents d'aller voir le pont de Tancarville, moi qui suis passionné par les ponts suspendus. C'est l'endroit le plus éloigné où nous nous rendons. Nous allons aussi à Mortagne-au-

Perche à la Chapelle-Montligeon, endroit sublime. Tout est entouré de fleurs et de verdure, et les deux pointes de la Basilique surgissent tout d'un coup, pointées vers le ciel, semblant le déchirer. Mes parents y ont inscrit leurs défunts morts en Algérie pour des messes perpétuelles. Ils m'offrent une chevalière, et je la porte fièrement en essayant de graver à l'intérieur « MB » pour Muriel Baptiste. La manœuvre se révèle trop compliquée et je me contente d'inscrire, avec une aiguille, un « M ».

Le dimanche, mes parents multiplient les excursions : la plage du débarquement à Avranches, Lisieux, les plages de Deauville et Trouville, le Mont-Saint-Michel. A Alençon, visitant le musée de la Dentelle, ils ne peuvent s'offrir un souvenir, un carré de dentelle coûtant plus de cent francs.

Les balades en forêt constituent les meilleurs moments. Elles sont quotidiennes ou presque. Je ne mesure pas la chance qui m'est donnée devant toute cette verdure. Les chemins forestiers sont bien entretenus, bordés de petits fossés. Je marche, je cours, je vole, avec mon chien, parfois fatigué, mais qui me suit fidèlement. Il n'y a aucun risque, je peux le promener sans laisse, et il en profite pour courir.

C'est mon premier vrai contact avec la nature. L'isolement ne me fait pas peur, au contraire, je peux parler à voix haute, dire que j'aime Muriel. Bien sûr, visiter le Mont-Saint-Michel et assister à la montée de la marée est un beau spectacle, mais les randonnées quotidiennes ont quelque chose de plus.

Je me rends compte que je suis amoureux fou, passionné, par Muriel. Que ce sentiment merveilleux réchauffe tout mon être et illumine ma vision du monde. Que tout ce qui m'a passionné jusque là, en comparaison, est dérisoire.

Bagnoles-de-l'Orne, 22 août

Il y a un téléfilm d'épouvante sur la 2 dans l'anthologie « Mardi soir » : « La ferme de Crowhaven », avec Hope Lange et Paul Burke. Je l'aurais regardé si j'étais resté à Montélimar. La télévision me manque quelquefois en vacances.

Bagnoles-de-l'Orne, 23 août

En achetant Télé Poche, je vois qu'à compter du lundi 28 est rediffusé le premier feuilleton que j'ai regardé lorsque nous avons acheté un poste de télévision en 1966,

« Corsaires et flibustiers » (ou « Les Corsaires ») avec Michel Le Royer, et qu'avec la date prévisible de notre retour, je n'en verrai pas un seul épisode. Je m'en plains à ma mère, et c'est l'occasion d'une grosse dispute. Mais bon, ces vacances valaient bien la peine de rater un feuilleton, qui de toute façon n'a pas Muriel au générique.

Bagnoles-de-l'Orne, 5 septembre

Nous sommes partis sans radio, sans télévision, et la Simca ne dispose pas d'un autoradio. A partir du 5 septembre, nos voisins de la villa les Lierres écoutent sans interruption la radio, et nous comprenons qu'il se passe quelque chose d'anormal. C'est la tragédie des jeux olympiques de Munich, les 5 et 6 septembre, la prise d'otage d'athlètes israéliens par des terroristes palestiniens du groupe « Septembre noir ».

Mes parents, bouleversés, décident que désormais en vacances, nous ne nous couperons plus du monde et achèterons un petit poste radio portable.

Fontainebleau, 10 septembre

Nuit à l'hôtel Aigle Noir. Nous allons visiter le château avant d'occuper la chambre.

Montélimar, 11 septembre

Journée de retour, je raterai le matin le dernier épisode des « Corsaires ». La Simca nous ramène à Montélimar en fin d'après-midi.

12 septembre

Les feuilletons qui sont programmés « Malican père et fils » et « Danse sur un arc en ciel » ne me passionnent guère.

13 septembre

C'est le jour de changement de congé scolaire, le jeudi est travaillé à la place du mercredi, un grand bouleversement pour les gens de ma génération.
Une de mes séries préférées est annoncée le jeudi dans Télé Poche, « Les globe-trotters », alors que le premier épisode est diffusé le mercredi. Je le rate donc. Le lendemain, c'est la rentrée scolaire et les retrouvailles avec Francis. La première chaîne multiplie les annonces au sujet d'un feuilleton qui semble très effrayant, « L'homme qui revient de loin », avec Alexandra Stewart et Louis Velle. Troisième

feuilleton de l'année pour Louis Velle après « La demoiselle d'Avignon » et « Le Seize à Kerbriant » en février.

17 septembre

C'est mon treizième anniversaire. Je regarde à 18h30 l'ultime épisode programmé cet été-là de la série « Le Prisonnier », avec Patrick Mc Goohan, « L'enterrement », dont j'ai suivi des aventures diffusées en « bouche trou » en juillet et septembre 1971. Depuis plusieurs semaines, des épisodes étaient proposés le dimanche, mais comme « Les Corsaires », je les ratais depuis mon lieu de vacances.

18 septembre

Le premier épisode de « L'homme qui revient de loin » tient ses promesses. Francis le regarde aussi, et nous aurons six semaines durant de passionnantes discussions sur ce feuilleton, l'un des plus effrayants jamais diffusés par la télévision française.

19 septembre

Grosse déception en regardant « Pointes et contrepointes », de l'anthologie « Mardi Soir », dans laquelle j'ai manqué « La ferme de Crowhaven » : c'est un dessin animé !

21 septembre

On apprend le suicide de l'écrivain et académicien Henry De Montherlant. Le soir, il y a encore « Aventures australes », qui ne m'ont vraiment pas manqué durant les vacances sans télévision.

25 septembre

2e épisode de « L'homme qui revient de loin », on plonge en plein mystère, avec un revenant, un vagabond sourd-muet inquiétant, des spirites.

Si ce feuilleton nous passionne avec Francis, je n'ai pas manqué de lui relater de long en large ma passion pour Muriel Baptiste. Il m'écoute avec intérêt, sans jamais se lasser. Je lui dis que j'attends la diffusion prochaine des « Rois maudits », que Muriel me manque depuis la fin de « Richard Lagrange », que je ne pense qu'à elle. Francis devient mon confident idéal. Mes parents ignorent tout.

Cette passion innocente, par sa violence et sa fulgurance, ne sont pas du goût de tout le monde. J'en parle un jour à un autre camarade de quatrième, Emile Gomez, qui estime que c'est dangereux, et va me gâcher ma vie plus tard. Il perçoit l'excès dans la fébrilité de mes confidences. Je ne lui en parlerai plus. Francis sera désormais mon seul confident.

28 septembre

Début de « Sam Cade », série policière avec Glenn Ford, qui vient enrichir la palette des feuilletons américains que j'aime. Il s'agit ici d'un compromis entre le western et le policier, avec un shérif en Jeep.

30 septembre

Après les Carpentier, début d'une série dramatique allemande, « La journaliste », avec Marianne Koch, que j'ai vue en 1968 dans un autre feuilleton, « Valérie et l'aventure ». Ce n'est pas un grand feuilleton, à voir pour passer le temps. Les intrigues se rapprochent du genre policier.

2 octobre

Je commence vraiment à me languir de Muriel. En attendant, « L'homme qui revient de loin », qui arrive avec le troisième épisode à la moitié de son parcours, est de plus en plus passionnant et glaçant d'effroi.

Changeant complètement de registre après le diplomate François Fonsalette de « La demoiselle d'Avignon », Louis Velle, en frère Caïn assassin, a décroché le gros lot.

3 octobre

Début de la série mythique « Amicalement vôtre ». Hélas, comme « Mannix » en février, c'est diffusé de 21h40 à 22h30, après Guy Lux, et mes parents ne me laisseront le voir qu'à compter du troisième épisode.

9 octobre

« L'homme qui revient de loin » aura sans doute beaucoup contribué à me faire patienter jusqu'au retour de Muriel. J'ai acheté le roman de Gaston Leroux, mais la fin a été modifiée pour la télévision, et le petit malin que je crois être n'en sait pas davantage.

Ce sont toujours des débats passionnés avec Francis sur cette série, mélangés à mes confidences sur ma passion pour Muriel.

11 octobre

Il y a une sortie scolaire le mercredi matin, nous devons visiter des grottes, et ce jusqu'en début d'après-midi. Nous partons en autocar. Or, à 15h10 est programmé mon épisode préféré des « Globe-trotters » que j'ai déjà vu en 1967, « La fleur rouge ».

Je vais le voir de justesse, en courant comme un fou lorsque l'autocar nous ramène au CES des Fourches vers 15h00.

16 octobre

La France entière se passionne pour « L'homme qui revient de loin » comme jadis ce fut le cas pour « Belphégor ». Un véritable bal de spectres, de château hanté, de passages secrets, une spirite hallucinée et étonnante jouée avec fulgurance par Marie-Hélène Breillat. Les dernières images sont terrifiantes et nous laissent en suspens une semaine pour attendre l'épilogue.

18 octobre

Avec le troisième épisode de la série « Amicalement vôtre », je donne enfin un visage au Saint Simon Templar, ici Lord Brett Sinclair, Roger Moore, brillamment épaulé par l'américain Tony Curtis dans le rôle de Danny Wilde. L'épisode s'appelle « Les pièces d'or » et a été tourné sur la Côte d'Azur. Mes parents aiment tellement qu'ils me permettront de voir les épisodes suivants.

Cette série me passionne à un tel point qu'elle va être, à mes yeux, l'égale des « Envahisseurs ». Et puis surtout, le mercredi, elle me fait oublier les cours de natation obligatoires à la piscine couverte qui a inauguré à la rentrée, moi qui n'ai jamais beaucoup aimé nager.

19 octobre

Au collège, un étudiant d'origine asiatique a rejoint la classe de quatrième en cours d'année. Notre cours est assez agréable, j'ai choisi l'italien en seconde langue. Francis fait de l'allemand et n'est pas avec moi. Le professeur d'éducation physique, Monsieur Gaucher, est indulgent devant mes piètres performances. Notre professeur principal, Monsieur Martin, enseigne à la fois le français, l'histoire et la géographie. En mathématiques, Monsieur Morand ne sera jamais aussi sévère que son fils véritable poison dont je suis le souffre-douleur depuis deux ans.

La Une diffuse « Liliom » avec Charles Boyer, qui raconte l'histoire d'un suicide. Je me souviens des commentaires des camarades de classe le lendemain. Le film se terminant à 23h25, mes parents ne m'ont pas donné la permission de le voir.

23 octobre

Fin surprenante et agréable de « L'homme qui revient de loin » qui révèle en la personne du comédien Armontel, dans son rôle de notaire Saint-Firmin, l'un des plus grands méchants de l'histoire de la télévision française.

La fin n'a rien à voir avec le roman de Gaston Leroux, elle a été imaginée par le scénariste Claude Desailly.

Je vais désormais être moins patient, privé de ce feuilleton plein de mystère, dans l'attente du retour de ma chère Muriel Baptiste.

25 octobre

Le quatrième épisode de « Amicalement vôtre » : « Un rôle en or », me confirme tout le bien que je pensais de la série après en avoir vu un seul épisode. Je ne sais qui préférer entre le rusé Tony Curtis et l'élégant Roger Moore.

30 octobre

Ce sont les vacances scolaires, et je n'aime pas beaucoup la série « Les évasions célèbres » sur la Une, aussi regarde-t-on en famille « Au théâtre ce soir » sur la deux avec la pièce policière « Detective Story », interprétée par William Sabatier.

31 octobre

Aux « Dossiers de l'écran », je suis bouleversé par le film de Vittorio de Sica « Umberto D ». Cette scène où le vieil homme avec son chien tente de se suicider en stationnant sur un passage à niveau, le chien qui s'enfuit, hanteront longtemps ma mémoire.

1er novembre

Sortie du film « Les caïds » à Paris. Le cascadeur Maurice Bataille, comme je l'ai dit, a participé au film. Nous allons le voir un samedi soir environ un mois plus tard, le temps que le film passe à Montélimar. Ma mère et Huguette, sa collègue de travail, sont présentes, même s'il m'arrive d'aller seul au cinéma. J'y ai vu au printemps 1972 « Un cave » avec Marthe Keller et Claude Brasseur. Et même bien plus jeune, en 1969, « L'américain » avec Jean-Louis Trintignant.

Le film nous déçoit, même s'il est très beau, car la partie « cascadeurs » est anecdotique et cela raconte surtout l'histoire d'un casse raté. Il y a du beau monde au générique : Serge Reggiani, Michel Constantin, Jean Bouise. C'est la première fois que je vois Juliet Berto et Patrick Bouchitey, le jeune couple héros de cette tragédie policière.

Le 1er novembre, il y avait à la télévision une imbuvable version du « Mystère de la chambre jaune » durant de 15h40 à 19h05, rediffusion de 1965, très loin d'égaler l'adaptation au cinéma de 1930 avec Roland Toutain que j'ai vue environ trois ans plus tôt.

Enfin le soir, « Risque calculé », nouvelle aventure de Danny Wilde et Lord Sinclair.

8 novembre

Une semaine a passé sans rien d'intéressant à voir, à part « Sam Cade » qui ne mérite pas de développements dans ce journal. Le mercredi cependant, c'est coup double pour moi avec l'après-midi « Les Globe-trotters » et en soirée « Amicalement vôtre ».

L'épisode de la série britannique ce soir-là est captivant : « La danseuse », encore une fois tourné sur la Côte d'Azur, et devient mon intrigue préférée pour l'instant dans ce feuilleton policier décontracté et dynamique.

Tony Curtis fait la couverture ce mercredi du numéro de Télé Poche. Il y a une interview deux pages comme pour Muriel Baptiste en juillet, mais elle est partagée entre Curtis et Moore.

10 novembre

Choix cornélien entre deux bons programmes : « Sam Cade » et « Les cinq dernières minutes », je choisis « Sam Cade », l'épisode « Le piège » en l'occurrence. Une histoire assez violente qui me marquera longtemps. L'épisode terminé, je passe sur la 2 voir la fin de l'enquête du commissaire Bourrel.

12 novembre

Rediffusion d'un téléfilm qui fut l'une de mes grandes frousses télévisuelles en 1967 : « Le secret de Wilhelm Storitz », d'après Jules Verne avec un Jean-Claude Drouot inquiétant, très éloigné de son personnage de « Thierry la fronde ». Homme invisible, prêtre poignardé lors d'un mariage, apparitions d'un voisin fantôme qui effraie le personnage principal féminin joué par Pascale Audret. Tout est mis en place pour faire peur.

18 novembre

Ce samedi à 15h10, retour d'une série américaine qui m'a passionné durant l'été 1969 : « Match contre la vie », avec Ben Gazzara. Le premier épisode, « Une petite injustice », est une rediffusion, mais je vois déjà sur Télé Poche que des histoires inédites seront programmées. C'est bien dommage le jeudi, où je sors du collège à 17h00. Je verrai donc deux épisodes sur 3, soit le vendredi et le samedi.

Ce feuilleton raconte l'histoire d'un avocat, Paul Bryan, qui apprend par son médecin qu'il n'a plus que deux ou trois ans à vivre, étant atteint d'une maladie incurable. Le schéma de la série reprend le thème du héros solitaire qui fuit de ville en ville à chaque épisode, comme David Janssen dans « Le Fugitif » et Christopher George dans « L'immortel », voire aussi Roy Thinnes dans « Les envahisseurs ».

Ben Gazzara est un très grand comédien, et dans chaque histoire, des comédiens connus (venant notamment du grand écran) se joignent à lui en guest stars.

Voilà une série qui va me faire patienter en attendant le retour de l'Arlésienne Muriel.

19 novembre

Je suis très impressionné par Lino Ventura dans le film du dimanche soir « Le rapace ». Sa réplique notamment « On ne fait pas une révolution avec des choses à perdre » quand il menace le jeune Chico de briser le seul objet qui lui vient de sa mère. Chico ayant compris la leçon cassera le souvenir devant Ventura.

Ce dimanche voit débarquer une série western l'après-midi, « Les Monroe », avec Barbara Hershey, dont je ne raterai aucun épisode. Une première saison a été diffusée en 1970 sur la deuxième chaîne, que je ne captais pas à l'époque. Ah, cette deuxième chaîne qui jusqu'à janvier 1971, lorsque nous avons changé de poste, m'a fait rater tant d'apparitions de Muriel Baptiste.

21 novembre

« Knock » aux « Dossiers de l'écran », avec Louis Jouvet, genre de films que j'étais trop jeune pour apprécier.

22 novembre

Décès à Paris de Raymond Souplex d'un cancer, en plein tournage d'un épisode des « Cinq dernières minutes ». C'est une figure de la télévision qui s'en va. En hommage, l'ORTF propose un spectacle de son répertoire de chansonnier, « La canne » sur la Une, tandis qu'un « Cinq dernières minutes » assez récent, « Chassé croisé », est rediffusé sur la 2.

24 novembre

Très bon 3ᵉ épisode de « Match contre la vie » sur des courses de bolides dans le désert, « Records du monde » (les images servent de générique à la série). Par contre, à 19h30, un nouveau feuilleton britannique, « Poigne de fer et séduction », qui réunit deux héros de séries, Robert Vaughn (Napoléon Solo dans « Des agents très spéciaux ») et Nyree Dawn Porter (Irene dans « La dynastie des Forsyte »), bien que présenté par ITC Londres comme « Amicalement vôtre », se révèle vite un ratage. Les épisodes sont trop courts, format 26 minutes, et la mayonnaise ne prend pas.

25 novembre

Je me souviens de « Vivez dangereusement », le quatrième épisode de « Match contre la vie ». Quelle poisse que je manque un épisode chaque jeudi !

27 novembre

J'ai le malheur de regarder « Les évasions célèbres », dont l'épisode s'intitule : « Le condottiere Bartolomeo Colleoni ». Le lendemain, en cours d'histoire, on parle du moyen âge en Italie et j'y fais allusion. Monsieur Martin et les élèves me disent que je regarde trop la télévision.

1er décembre

Sans conteste, « Les tyrans » est le meilleur épisode de « Match contre la vie ». De passage dans une petite ville, un shérif tyran tend un piège à Paul Bryan et menace de le faire emprisonner pour dix ans (alors qu'il est condamné à brève échéance par la maladie), et ce pour des faits qu'il n'a pas commis. Paul se tirera de ce mauvais pas, fera kidnapper le shérif et ce dernier sera arrêté dans un autre état, devant alors rendre des comptes à la justice.

5 décembre

Il y a des jours qui ne s'oublient pas, et le 5 décembre 1972 en fait partie. Avec des parents qui aimaient Enrico Macias et Tino Rossi, je ne risquais pas de connaître Elvis Presley, vedette du « Rock du bagne », film présenté aux « Dossiers de l'écran ».

6 décembre

Sortie à Paris du film « Le grand blond avec une chaussure noire ». Je vais le voir en salles car j'ai raté en juin « Les malheurs d'Alfred ». Je ne l'ai pas vu le 6 décembre, mais à sa sortie montilienne, sans doute trois semaines après.

Mais surtout, en achetant Télé Poche ce mercredi, j'apprends que « Les rois maudits » sera diffusé le jeudi à compter du 21 décembre. La longue attente de revoir Muriel prend fin. On se doute de ma joie ce jour-là, car je n'ai pas revue ma chère actrice depuis la fin de « Richard Lagrange » le 7 août. Quatre mois de disette.

7 décembre

Très belle prestation de Marc Cassot en Lesurques, injustement condamné et exécuté dans « La vérité sur l'affaire du courrier de Lyon », une rediffusion en deux parties de 1963. La suite est diffusée samedi 9.

12 décembre

Je découvre la légende de Rudoph Valentino avec le film présenté aux « Dossiers de l'écran ». Une semaine après Elvis, ma culture générale s'est enrichie grâce à cette émission.

13 décembre

Sortie à Paris de « Tintin et le lac aux requins » que je vais aller voir en salle un dimanche suivant au cinéma le Rex, en manteau, mais juste avant dans la rue, un imbécile m'a tâché avec de la crème chantilly, et à l'entrée, le guichetier m'humilie en me frottant le manteau pour que je ne tâche pas le dossier du fauteuil.

Le soir du 13, un très bon épisode de « Amicalement vôtre » se déroulant en Italie, « Minuit moins huit kilomètres », me fait découvrir l'actrice Joan Collins. Uniquement d'un point de vue connaissance du cinéma car je n'ai d'yeux que pour Muriel.

14 décembre

Pomponette et les déclamations de Raimu dans « La femme du boulanger » me passent totalement au dessus. Je n'étais vraiment pas un adolescent précoce.

Nous déménageons le lendemain samedi 16, et je ne suis pas certain que la télévision soit installée. Mon cousin écossais Jack doit s'en occuper. Il tient un magasin d'antennes de télévision.

Nous habitons un immeuble au 4e étage depuis décembre 1967, au numéro 6, et ma grand-mère cardiaque ne pouvant plus monter (il n'y a pas d'ascenseurs), nous partons pour le numéro 10, à deux entrées de là, au premier.

C'est l'hiver avant l'heure et il fait très froid.

16 décembre

Je crois que jusqu'à ma mort, je me souviendrai de ce déménagement du samedi 16 décembre 1972. Tout d'abord, les déménageurs laissèrent la porte ouverte, et mon chien s'enfuit. Il me fit une belle peur ce jour-là car il mit longtemps à revenir.

Nous voilà dans les cartons, et sans télé. Mon cousin Jack n'arrivait pas et le soir tombait. C'est pendant le top à Joe Dassin que mon cousin arrive pour brancher le téléviseur, juste à temps pour voir le 12e et dernier épisode de "Amicalement vôtre» : "Une rancune tenace".

Ce fut quand même "in extrémis", j'avoue avoir vu le moment où Jack ne viendrait pas.

Nous étions alors jour J moins cinq avant le retour de Muriel.

Ce n'était pas encore les vacances, j'ai discuté de "Une rancune tenace" avec Francis au collège le lundi.

17 décembre

Lendemain de déménagement. Pas grand chose à la télé à part la série « Les Monroe ». Le lendemain commence les programmes des fêtes avec "Les gens de Mogador".

Nous sommes J moins quatre avant l'arrivée des Rois maudits et le retour de Muriel. Il y avait cours au collège encore lundi et mardi, puis ce seront les vacances.

18 décembre

Ce lundi 18 décembre, jour J moins trois avant le retour de Muriel, commence le premier des feuilletons des fêtes de fin d'année, "Les gens de Mogador", avec Marie-José Nat et Jean-Claude Drouot. Il y aura treize épisodes de 55 minutes.

Ce feuilleton romantique se passe en Provence et commence en juin 1852. Rodolphe Vernet (Jean-Claude Drouot), bonapartiste, est amoureux de la fille d'un royaliste, Julia Angellier (Marie-José Nat). Le père refuse la main de sa fille et l'envoie au couvent. Le premier épisode s'attarde essentiellement sur les difficultés pour le couple de braver l'accord du père.

19 décembre

Jour J moins deux avant l'arrivée de Muriel, l'attente est insoutenable !

Curieusement, il y a peu à dire sur ce 19 décembre 1972, où était diffusé le premier épisode des "Aventures de Pinocchio" avec Gina Lollobrigida et Nino Manfredi. Feuilleton qui allait être impossible à suivre pour ceux qui regardaient les feuilletons de la 2.

20 décembre

Jour J moins un avant le retour de Muriel.

Ce jour-là, j'ai en mains le Télé Poche qui présente "La reine étranglée", 2e épisode des "Rois maudits", le magazine, dans ses pages couleurs détaillant les programmes de fêtes, a eu la mauvaise idée d'écrire : « le 28 décembre, vous assisterez à la mort dramatique de Marguerite de Bourgogne dans le deuxième épisode, "La reine étranglée" ». Donc, tout suspense est éventé, et je sais que Muriel ne jouera que dans les deux premiers épisodes.

Retour de "Match contre la vie" avec l'épisode « Accident de la route ». La 2e chaîne avait intercalé un feuilleton italien en huit épisodes, « Les fiancés » en plein milieu de la diffusion de la série avec Ben Gazzara, on se demande bien pourquoi.

A 18h00, un épisode mémorable de "L'autobus à Impériale» : "Silence on tourne", assez drôle, où l'équipe tourne un film mais mélange ensuite toutes les bobines.

Deuxième volet des "Gens de Mogador" Julia et Rodolphe se marient et habitent Mogador, demeure à l'abandon qu'il faut rénover. Julia se heurte à sa vieille chouette de belle-mère Elodie Vernet qui finit par quitter l'endroit. Nous sommes maintenant la veille du grand jour, le retour de Muriel.

21 décembre

Le 21 décembre, il n'y a rien d'intéressant dans la journée ("Les fiancés" à 15h10), donc la magie commence à 20h30 avec "Les rois maudits", premier et seul programme regardé.

Ce fut très long d'attendre 20h30 sur la deuxième chaîne en noir et blanc. Le soir ne voulait pas tomber.

Ma mère partit aux « dauphins montiliens » pour une réunion de parents des membres de ce club de natation. Elle faisait bénévolement un peu de secrétariat et tapait à la machine les comptes rendus. Elle était donc absente.

Je me retrouvais devant le petit écran avec ma grand-mère plutôt sceptique devant ce film.

Jean Desailly présente les protagonistes. On aperçoit Muriel, figée, comme les autres comédiens, mais le temps d'un éclair.

Il faut attendre un petit moment pour que Muriel apparaisse vraiment mais là, c'est le bonheur intégral dès sa première scène. Cela valait le coup de l'attendre quatre mois.

Mon coeur bat à tout rompre, La princesse du rail revêt des habits de reine de Navarre et princesse de Bourgogne devant mes yeux ébahis

Muriel a le look d'une brune comme Annunciata. Elle est merveilleusement belle. Je regrette de ne pas avoir la télévision en couleur.

Le film se prolonge, s'éternise, et soudain une créature langoureuse se glisse dans une robe rouge.

 - Eh bien qu'as tu mon beau Philippe ? N'es-tu pas heureux de me voir ?

 La voix frêle et grave n'a pas changé, c'est celle d'Annunciata Vidal, la princesse de bohème, c'est celle de l'infirmière Geneviève Lagrange, c'est celle de la femme que j'aime, l'actrice Muriel Baptiste. C'est sans doute à ce moment précis, moi qui depuis 1967 l'appelait "la princesse du rail", que je me suis mis à l'évoquer en disant le plus beau prénom du monde : Muriel.

Muriel est donc devant mes yeux émerveillés dans "Le Roi de fer". Après la scène de la tour de Nesle, on la retrouve un peu plus tard lorsque la reine Isabelle de France la dénonce à son père. Je n'ai pas conscience sur le champ que Muriel n'a pas beaucoup de scènes dans l'épisode. Une apparition dans le prologue, la scène des amours coupables, la dénonciation, puis le jugement le crâne rasé.

Muriel, même presque chauve, est merveilleusement belle. Tandis que ma grand-mère trouve la série "Les Rois maudits " barbare, moi je me régale.

Le rôle est nettement plus intéressant que Geneviève Lagrange. Je crois reconnaître Pierre Michael, le héros Johan Sutter du feuilleton "Fortune" dans le rôle de Marigny, mais c'est un acteur que je ne connais pas, André Falcon, qui l'interprète.

A part Jean Piat, tous ces acteurs sont inconnus pour moi : Georges Ser, Jean Deschamps, Hélène Duc.

C'est l'un des plus beaux jours de ma vie. Muriel est au zénith de sa carrière et de sa splendeur.

C'est le paradis. Il y a désormais pour moi un avant et un après 21 décembre 1972.

Lorsque le générique de fin arrive, le compte à rebours commence pour le deuxième épisode. Je suis aux anges. Même si j'aurais préféré que Muriel participe aux six épisodes et non seulement à deux.

22 décembre

Diffusion du troisième épisode des "Gens de Mogador", période 1856-57, qui montre les disputes de Julia et Rodolphe Vernet. Ce dernier est furieux que sa femme mette une robe à cerceaux en acier. Je regarde tout cela de façon distraite trop émerveillé par le retour de Muriel la veille.

23 décembre

Huitième épisode de « Match contre la vie », intitulé "Contrebande de bijoux".

Paul retrouve à Rome une amie, Michèle Deneuve, secrétaire de l'industriel Eric Krieger.

24 décembre

Mon plus beau cadeau de Noël 1972, c'est bien sûr la présence à la télévision, les 21 et 28 décembre, de Muriel Baptiste. Je n'accorde guère d'importance à ce que le "Père Noël" m'apporte cette-année là.

La télévision était en fête. A 14h00, la 2 proposait le film "Aventures en Floride" qui a inspiré la série "Flipper le dauphin" et ceci dans le cadre de "dossiers de l'écran des jeunes" consacrés aux dauphins. Sur la Une, à 17h30, il y avait le film "Le voleur de Bagdad" avec Sabu. Le soir, la veillée commençait avec "Les aventures de Pinocchio" dont c'était déjà le troisième épisode, et sur lequel je jetais un œil distrait, puisqu'avec les séries de la 2, je ne pouvais la suivre. Nous avons regardé le programme de la Une qui proposait des variétés, "L'arche de Noël" animées par Georges Brassens et Nana Mouskouri. Je regarde ensuite le film "Le milliardaire" avec Marilyn Monroe et Yves Montand, dont une scène me marque : Montand se fait passer pour un type fauché alors qu'il est milliardaire, or il a acheté une "histoire drôle" originale à un humoriste, qu'il raconte. L'auteur est furieux. Cet incident risque d'éventer sa supercherie. Inutile de dire que ma Marilyn à moi, c'est Muriel Baptiste, alors le film m'a intéressé, mais sans plus. Puis c'était la messe de minuit retransmise en direct depuis l'Autriche.

Le soir de Noël, la 2 proposait l'opéra-bouffe "Barbe bleue" avec Jean Le Poulain, une émission humoristique avec Poiret et

Serrault, et un film avec Mickey Rooney, "Ma vie est une chanson".

25 décembre

Quand on y repense, "Les gens de Mogador" est tout sauf une série romantique. Dans ce quatrième épisode, nous assistons à la mort dramatique du fils de Julia, le petit Cyprien, d'une méningite. Puis c'est la guerre de 1870 et le départ de Rodolphe où il recevra une vilaine blessure qui à terme lui sera fatale.

Les épisodes sont diffusés à une cadence assez infernale : un tous les trois jours, mais la série en comporte treize de cinquante cinq minutes.

L'auteur, Elisabeth Barbier, dès le tournage, s'estime trahie par Robert Mazoyer, le réalisateur. Elle ne voulait pas de Marie-José Nat en Julia. Quant à la fin de l'intrigue, elle diffère totalement du livre. Mazoyer fait de Numa (Paul Barge) un salaud que Dominique (Brigitte Fossey), petite fille de Julia quitte pour vivre dans la solitude. Le roman, lui, se termine historiquement bien plus tard, durant la guerre de 39-45, où

Numa perd la vie en héros résistant contre l'occupant nazi.

Je me suis assez ennuyé l'après-midi avec l'Olympia de Caterina Valente et Michel Legrand. Mais après tout, personne ne m'obligeait à regarder ce show.

Le triomphateur de l'année TV 1972 est Louis Velle, et à l'âge de 46 ans, il accède au statut de vedette, un peu par les hasards de la programmation car "La demoiselle d'Avignon" a été tourné en 1970 mais diffusée en janvier février 72. Il aligne donc cette année là trois feuilletons à succès : en plus de la demoiselle, "Le 16 à Kerbriant" et "L'homme qui revient de loin", et deux téléfilms, un épisode des "Evasions célèbres" et ce 25 décembre "Les témoins" de son réalisateur fétiche Michel Wyn.

26 décembre

Pas grand chose d'intéressant ce mardi : "Le miracle des loups" avec Jean Marais sur la 2 l'après-midi. Le soir, mes parents regardent Line Renaud chez Guy Lux toujours sur la 2 (sur la Une en face il y a "Pinocchio"). Le film après les variétés "La maison des Bories" avec Marie Dubois n'intéresse personne, ni mes parents ni moi.

27 décembre

A 15h10, le neuvième et sans conteste le plus dramatique épisode vu en France de "Match contre la vie" en 1969 et 1972 : "Le guide".

Pour retrouver un ami perdu dans la jungle africaine, Doug Haynes, dont il se révélera à la fin qu'il a été tué par la tribu des Bosavis, Paul loue les services d'un guide, Carl Hague. Ce dernier tente de dissuader Paul d'entreprendre un tel voyage qu'il considère comme très dangereux. Paul ne vient rien entendre, car il a promis au père de Doug, un juge en retraite, de retrouver le fils contre une forte somme d'argent.

Au cours du voyage, Carl blesse accidentellement un indigène. Paul essaie de lui donner les premiers soins. Mais voici que toute l'équipe est bientôt capturée par les membres de la tribu sauvage dont le blessé est originaire. Carl Hague est condamné à mort...

Le soir, cinquième épisode des "Gens de Mogador" fort triste, dans lequel Rodolphe

Vernet/Jean-Claude Drouot trouve la mort. L'épisode raconte la guerre de 1870 et les morts qui sont annoncées l'une après l'autre à Mogador. On y voit Julia tenter de sauver son mari en allant le chercher parmi les blessés, tandis que la servante Philomène apprend la mort de son mari et de son fils. En cherchant Rodolphe, Julia retrouve Herminie, son ex-meilleure amie (Lyne Chardonnet) qui avait tenté de séduire son mari, et lui pardonne.

Le lendemain, nous allons retrouver Muriel dans le deuxième épisode des "Rois maudits".

28 décembre

A 15h10, le dixième épisode de "Match contre la vie" est à nouveau "exotique". "A l'est de l'Equateur. L'histoire est passionnante et se déroule au Brésil. Carolyn, une amie de Paul, est la veuve du peintre Jeffrey Willins. Ensemble, ils visitent une galerie de peinture à New York et tombent sur un tableau, "A l'est de l'Equateur". Carolyn est persuadée qu'il s'agit d'une œuvre de son défunt mari. L'auteur du tableau est un certain Da Silva.

Et puis vient le moment des Rois maudits.

Ma mère, absente le jeudi précédent, n'apprécie guère ce programme mais me le laisse regarder. J'essaie de lui résumer l'histoire, mais comme parlant de Marguerite je mentionne "la princesse du rail", ma grand-mère s'énerve : "La princesse du rail n'a rien à voir là-dedans" lance-t-elle.

A 20h30 débute donc le deuxième épisode des "Rois maudits" : "La reine étranglée". Son nom est premier au générique. Muriel n'a jamais été aussi belle et elle crève l'écran.

Dès le début, Muriel entre en scène, enlaidie par les mois de prison de la reine Marguerite de Bourgogne. Mais pour moi, Muriel est la plus belle femme du monde. Nous la voyons beaucoup plus que dans "Le Roi de fer", mais elle est moins à son avantage. En prisonnière, elle porte une coiffe, des vêtements sans aucun éclat.

Elle donne la réplique à Jean Piat, Catherine Hubeau et Bruno Balp. Comme pour Annunciata, le personnage de Marguerite a un destin tragique et Muriel excelle dans ce registre. Il faut attendre une heure pour revoir Muriel après sa première scène. Dans l'épisode, on voit surtout Jean Deschamps et André Falcon occuper tout l'espace dans les scènes où le personnage de Marguerite est absent.

Ma mère ne devine pas que je suis fou amoureux de Muriel. Elle le comprendra pendant la diffusion du "Premier juré".

Muriel est présente dès le début de l'épisode et dans toute la première partie de "La Reine étranglée". Son personnage, Marguerite, tient tête à Jean Piat/Robert d'Artois.

Tout cela défile comme dans un rêve. Assez peu présente dans "Le roi de fer", elle devient le premier rôle de cet épisode.

L'intrigue continue sans Muriel, nous suivons les péripéties de ce minable petit roi Louis X, qui veut absolument se remarier, et cherche à faire élire un pape pour prononcer l'annulation de son mariage.

Dans cet épisode, Mahaut d'Artois et son âme damnée Béatrice d'Hirson sont absentes.

Enguerrand de Marigny devient le personnage central, l'homme à abattre pour les barons. L'intrigue est un peu confuse, et ne me passionnent que les nombreuses mentions de Marguerite de Bourgogne, perdue dans sa prison, et objet de tous les chantages.

Muriel revient vers les 3/4 du film lors du chapitre que Maurice Druon a appelé dans son manuscrit "La lettre du désespoir". La scène est trop brève, mon cœur palpite très fort en voyant mon actrice adorée.

Avouons-le, si le feuilleton "La Princesse du rail" m'a tant marqué, c'est à cause de la mort tragique de son héroïne, Annunciata, jouée par Muriel.

Et Marguerite se dirige vers le même destin tragique. Bien évidemment, mes yeux se mouillent légèrement lors de la scène finale, accompagnée d'une mélodie très triste de Georges Delerue.

"Il ne restait plus à Chateau Gaillard qu'une princesse captive, égarée de douleur, et qui pleurait sur le corps de l'infortunée Marguerite" commente la voix de Jean Desailly.

La dernière scène est bouleversante, et lorsque défile le générique de fin et que nous éteignons le poste de télévision en noir et blanc, je sais que Muriel est la plus grande, la plus douée des comédiennes de sa génération.

C'est pour moi un choc, aussi fort que le suicide d'Annunciata qui termine "La Princesse du rail".

Je sais que jeudi prochain, un autre monde commencera, nous serons en 1973, j'aurais rejoint le collège, et la série "Les Rois maudits" continuera sans Muriel.

29 décembre

Lendemain de grand bonheur, il faut redescendre sur terre et c'est difficile.

A 15h10, onzième épisode de "Match contre la vie", "Le crime d'Alex". Je n'avais pas aimé l'épisode et je me souviens pourquoi. L'histoire s'étire en longueur au sujet d'un des personnages récurrents, Alex Ryder (joué par Bruce Dern, un comédien assez célèbre) et de son épouse Molly (Anne Helm). Molly est la soeur de la fiancée qu'avait Paul quand il a appris sa maladie, elle l'a sauvé des griffes du shérif dans "Les tyrans" mon épisode préféré. Paul apprend que Molly est devenue veuve, son mari Alex venant de mourir dans un accident d'automobile. En réalité, Alex bien vivant veut escroquer l'assurance

A 20h30, c'est le sixième épisode des "Gens de Mogador", qui marque la fin du cycle "Julia" et des épisodes programmés pendant la période des fêtes. Il faudra attendre le jeudi 4 janvier pour voir le septième avec le début du cycle "Ludivine" interprétée par Marie-France Pisier. On découvre cette dernière dans le sixième épisode, ainsi que l'affrontement final entre Julia et sa belle-mère qui après la mort de Rodolphe revient en croyant pouvoir tout régenter. Après avoir perdu son fils Cyprien et son mari, Julia a la douleur de voir mourir sa fille Amélia de la variole.

Bien évidemment, sous le choc du film de la veille avec Muriel, je regarde tout cela avec un peu de distance, car je réalise que la mort de Marguerite me prive de la présence de mon actrice bien aimée pendant le reste de la série des Rois maudits. Une Muriel Baptiste dont je suis follement amoureux plus que je ne l'ai jamais été auparavant, mais dont je ne sais quand je vais la revoir.

30 décembre

Pas grand chose à voir ce samedi 29, si l'on compare avec tous les bons programmes depuis le début des fêtes. D'abord, passant du dimanche au samedi, "Les Monroe" à 14h20 sur la Une.

A 15h10, douzième épisode de "Match contre la vie" : "La fugitive", avec la jeune actrice prodige, Kim Darby, vedette du film "Des fraises et du sang". Si comme dans "Le crime d'Alex", il n'y a pas d'action, l'histoire, elle, est fantastique. Paul rencontre dans un autocar Tina, une gamine qui s'est sauvée de chez ses grands-parents pour rejoindre à Albuquerque son père et sa belle-mère.

En soirée, il y a le deuxième épisode des "Thibault" sur la Une (feuilleton que mes parents n'ont pas suivi), mais absolument rien sur la 2, ni les Carpentier, ni une série. On a droit à un opéra comique "Les mousquetaires au couvent" toute la soirée. Je pense que le soir nous n'avons rien regardé et j'ai dû rêver à Muriel Baptiste tout éveillé.

31 décembre

Pas grand chose ce 31 décembre, absolument rien à voir dans la journée. C'est la soirée inaugurale de la 3e chaîne.

Dans le "Top à 1973", à 22h30 sur la 2, un sketch avec le couple triomphateur du début d'année, Marthe Keller et Louis Velle retrouvant pendant quelques minutes les rôles de Koba et François Fonsalette.

J'ai regardé seul (parents couchés) sur la Une à minuit, "Faut pas prendre les enfants du bon Dieu pour des canards sauvages" avec Marlène Jobert. En cette fin d'année 1972, le personnage de Muriel étant mort dans "Les Rois maudits", j'étais dans l'incertitude de savoir quand j'allais la revoir.